د ستې
د لیډرانو
تربیت

دشرکت کولو دپاره کتاب

تريننګ ریډیکل لیډران

دشرکت کولو دپاره کتابدانیئل بي.لان کاسټر

T4T پریس

اولني چهاپ 2012

لیکونکي: دانیئل بي.لان کاسټر

چهاپ:

ISBN 978-1-938920-73-8

Library of Congress Cataloging –in- Publication Data.

محتويات

د ليډرشپ تربيت

موجوده وسائل

1

ستړې مه شئ

د تربیت ورکونکی او د لیډر تعارف په ړومبی سبق کښې کیږی. بیا لیډر په یونانی او عبرانی ژبه کښې د تربیت طریقو کښې تمېز کوی. یسوع مسیح دواړه طریقې استعمال کړی او مونږ هم دغسې کوؤ. د لیډرانو دتربیت په طریقو کښې د عبرانی طریقه ډیره سود منه ده. او دا اکثر د پوخ لیډر د تربیت دپاره استعمالیږی.

د سبق مقصد لیډرانو د پاره د یسوع حکمت عملی باندې ځان پوهه کول او بیا دنیا ته ځان رَسَول دی. د یسوع د پینځهٔ حکمت عملو کښې شامل: په الله پاک پوخ یقین ساتل، تعلیمات نورو ته رسول، مریدان جوړول، ټولګی شروع کول چه روستو بیا په ګرجو کښې بدل شی،او د لیډرانو تربیت. په ړومبئ حصه نظر ثانی اوکړئ چه منونکی د یسوع دحکمت عملئ هره حصه په ښهٔ طریقې سره اومنی. لیډران دِ هم د بصیرت مظاهره اوکړی او دیسوع د حکمت عملې دِ پیروی اوکړی،چه نورو د پاره یو نمونه او ګرځی. د دِ دور خاتمه د دِ خبرې سره کوؤ چه د یسوع دِ روزانه پیروی اوشی او د هغهٔ حکم د اومنلې شی.

حمد و ثناء

شروعات

د تربيت ورکونکی تعارف

د ليډرانو تعارف

يسوع مسيح به د ليډرانو تربيت څنګه کوؤ؟

منصوبه

ګرجا څوک جوړه وی؟

ميتهيو 16:18-
اوس زۀ تاته وايم چه ته پيټر يئ(چه غونډئ معنه لری) او د هغه غونډئ په سر به زۀ خپل چرچ جوړومه او د دوزخ ټول طاقت هم د هغي سرته نه شی رسيدي.(NLT)

هغه ولي ډير اهم کس دي څوک چه ګرجا جوړه وی؟

– 127:1-PSALM
کله هم چه يو ليډر يو کور نۀ جوړه وی نو د مزدوران محنت په کار نه راځی،:هر کله چه مالک په ښار نظر ساتی نو چوکيدار ضرور څه نه څه بيدار اوسی.

____

يسوع خپله ګرجا څنګه جوړوله ؟

1. ________________________________

لوک 2:52 -
يسوع عقل مند شو، او هغه مضبوط شو. الله پاک دهغه نه راضی اوو او دا حالت د خلقو هم وو.

لوک 4:14 –
(د خپل رسالت نه پس) يسوع د پوره زور طاقت سره ګليلی ته واپس راغي او دهغۀ راتلو خبر خواؤ شا باندو کښي خور شو.(NASB)

☞ لاسونه اوچت کړئ او د يو پوخ سړی په شان اودريږئ.

2. ________________________________

مارک 1:14,15-
روستو چه جان ګرفتاره شو،يسوع ګليلی ته لاړو او هلته هغۀ د الله پاک ښۀ خبري واؤرولي.،،اخر کار د الله پاک د کړي وعدي وخت راغي، هغوی اعلان اوکړو چه د الله

بادشاهی نزدي ده! په خپلو ګناهونو پښیمانه شئ او په ښهٔ خبرو یقین اوساتئ.(NLT)

خپل ښئ لاس ته داسي حرکت ورکړئ لکه چه تاسو تخم شیندئ.

.3 ____________________

میتهیو 4:19-
،،راشئ، زما پیروی اوکړئ،، یسوع فرمائلی، او زهٔ به تا د انسانانو ماهیګیر جوړ کړم.،،

لاسونه په سینه کیږدئ او بیا عبادت ته توجه ورکئ. لاسونه په نرئ ملا کیږدئ او بیا د کلاسک دعا شکل جوړ کړئ. لاسونه دماغ طرف ته یو سئ او بیا لاندي یوسئ لکه تاسو یو کتاب لولئ. لاسونه بره اونیسئ لکه د پهلوان سړی شکل چه وی،او بیا جارو کش شکل جوړ کړئ لکه چه تاسو تخم شیندئ.

.4 ____________________

میتهیو 16:18 –
زهٔ دا هم وایم چه ته یو پیټر یي، او د دِ غونډئ په سر به زهٔ خپله ګرجا جوړومه: او هیډیس دروازي به په د زوره وري نه وی.

لاسونه خپل داسي یو ځاي کړئ لکه چه تاسو د خلقو د جمع کولو د پاره اواز کوئ.

.5 ______________________________________

میتهیو 8-10:5 –
د لاندینی هدایاتو سره یسوع دا دولس پیغامونه رالیږلی دی: د جاهله کسانو په مینځ کښې به نه ځئ یا د سماریټان کومه قصبه چه وی هغې ته ننوځئ. د اسرائیل ورکه شوي ګډي پسې لاړشئ. او کله چه تاسو ځئ نو دا پیغام خوره وئ: ،،د اسمان بادشاهی نزدې ده.،،بیماری روغه کړئ، مرده پاسه وئ، هغه خلق پاک کړئ چا ته چه برګي مرض دي،شیطان او باسئ، په اسانئ سره چه څه تاسو موندلئ دي، په اسانئ سره یې ورکړئ.

☞ ویخ اودریږئ او لکه د فوجی سلیوټ/سلام اوکړئ.

یاد ګاری باب

1 کورینتهینز 11:1-
په ما یقین اوکړئ،چه زهٔ هم د عیسائیانو نه یم.(NAS)

مشق :-

اختتام

یسوع واي ،،زما پیروی اوکړئ،،

میتهیو 9:9-
څنګه چه یسوع د دِ ځاي نه لاړو، نو یو سړي اولیدو چه د هغهٔ نوم میتهیو اؤ او د ټیکس جمع کولو په کمره کښې ناست اوو. ما پسې راځه، هغهٔ هغې سړی ته اووي او میتهیو پاسیدو او او هغهٔ پسي روان شو.

2

د یسوع مسیح په شان تربیت

د ګرجو او د ټولګو په پر مختګ کښې د عام مسائلو مخ نیوي د پاره د نورولیډرانوضرورت دي. د لیډرانو د تربیت د پاره کوششونه اکثر کم پریوزی ځکه چه زمونږ سره د پیروئ یوه ساده طریقه نه شته. د دِ سبق د ښودلو مقصد چه یسوع به لیډرانو ته څنګه تربیت ورکولو، یس مونږ له د هغهٔ په نقش قدم تلل پکار دی.

یسوع به لیډرانو نه په مشن کښې د پر مخ تګ تپوس کولو، او که لیډرانو ته به څه مسائل راتلل نو د هغي باره کښې به يي بحث کولو. هغهٔ به دهغوی د پاره دعا هم کوله او د مشن د منصوبي جوړولو کښې به يي ورسره مدد کولو. د هغهٔ د تربیت یو اهم حصه د مهارت مشقونه اوو چه د هغوی د راتلونکی وخت د وزارتونو ضروریات وو. په سبق نمبر 2 لیډران د لیډرشپ د تربیت طریقه کار د خپلو ټولګو دپاره په کار راولی،هو به هو د یسوع حکمت عملی دنیا ته رسَول دی.اخرکار،لیډران د،، تربیت وني،، ته ترقی ورکوی او د تربیت په جوړخت کښې مدد کوی او د تربیت د لیډرانو دپاره دعا ګاني کوی.

حمد و ثناء

ترقي

مسائل

منصوبه

جائزه

پخیر راغلي
ګرجا څوک جوړه وی؟
دا ولي ضروری ده؟
یسوع مسیح خپله ګرجا څنګه جوړه کړي وه؟

کورینتهینز 11:1 –زما په شان شئ څنګه چه زۀ
د یسوع په شان یم، د یسوع په شان بنودنه اوکړئ.

یسوع مسیح به لیډرانو ته څنګه تربیت ورکوو؟

10:17 لیوک
هر کله چه دوه اویا(72)مریدانو واپسی اوکړه نو هغوی
په ډیره خوشحالئ سره دا خبر بیان کړو چه کله مونږ. ستا
نوم واخستو نو شیطان هم زمونږه تابعداری شروع کړه.

1. ______________________________

17:19 میتهیو.
د هغي نه روستو مریدانو په خپله د یسوع مسیح نه تپوس اوکړو،چه شیطانانو ته ولي په خپل مذهب کښي کردار نه ورکوو؟

2. ______________________________

خپل لاسونه د خپل سر په دواړو طرفونو کیږده او دا سي ظاهره کړه لکه چه خپل ویښتي راکاږي.

10:1 لیوک:
د دِ نه پس أقا د دوه اویاوو(72) کسانو انتخاب اوکړو او دوه دوه(2،2) ټولګی ي ساز کړل او په خپله د هغوی مشری واخسته او هر کلی او هر ځاي ته لاړل چرته چه تلل اوو.

3. ______________________________

خپل ګس لاس د کاغذ په شان خور کړه او په ښي لاس په هغه اولیکه.

4:1-2 جان _
یسوع مسیح ته معلومه شوه چه فراسیسز(د عسایانو یو ټولګي) واوریدل هغو د جان نه زیات عیسایان او خپل مریدان جوړول. اګر چه یسوع مسیح پخپله هغوی عیسایان نه وو جوړ کړی بلکه د هغوی مریدانو جوړ کړی وو.(این ایل تی)

4. ____

☜ خپل لاسونه لاندي او بره يوسئ ځنګه چه تاسو وزن اوچته وئ.

22:31:32 -ليوک :
يسوع فرمايلئ دی َسمن زما خبره واوره سيطان د خپل حق مطالبه کړي ده او په تاسو کښي د هر يو امتحان واخلی.چنګه زميندار د غنمو نه بهوس ځان له کوی.خو سمن ! ما دا دعا کړي ده چه ستا عقيده به پخه وی. او ما ته د راتلو نه مخکښي د خلقو مدد او کړه.

5. ____

☜ په روايتی طريقه سره لاسونه يو ځاي کول او بيا مخ ته وړل دی.

ياد ګاری أيات \باب:-

لوک 6:40-
يو مريد په مرتبه کښي د خپل استاد نه اوچت نه وی خو چه مکمل طريقه باندي تربيت شده وی نو بيا استاد په شان وی.

مشق:

اختتام :

د تربيت ونه

3

دیسوع په شان لیډري اوکړئ.

یسدع د هري زماني لوي مشر دي. څوک هم د هغهٔ غوندي په ډېرو خلقو مشري نه کولي.په دريم سبق کښي د یسوع غوندي د مشرئ اووهٔ خوبياني ښودلي شوی دي.د خپلي مشرې د ازميختونو په رنړا کښي خپل ښهٔ والي او بد والي ښود لي شی.پره /ټولګي جوړولو مرحله د يو بل سره د ملګرتيا کولو په سبق تر سره شوه.

هر څه د لیډر په زړهٔ اثر کوی.ښهٔ یا بد،نو د یسوع د طريقي نقل کوو چه څنګه هغهٔ د خپل منونکو مشري کړيوه.یسوع د خپل منړنکو سره مینه کړي وه بيا هغوی د هغهٔ د ژوند غوښتنه او پيژندله. د پري/ټولګی کشالي يي پيژندلي وي.هغهٔ خپل منونکو ته د مشرئ مثال ورکړي دي. هغهٔ په نرمئ سره مخامخ شوي اوؤ.او هغهٔ ته پته وه چه الله پاک د هغهٔ نه راضی دي. هر څه زمونږ د زړهٔ نه اووزی او زمونږ خوښه ده چه او غواړو چه مونږ لیډری شروع کړو.

تعریف

ترقی

مسٌله

منصوبه

جائزه

پخیر راغلي
ګرجا څوک جوړه ویاو
دا ولي اهمه ده؟
یسوع خپله ګرجا څنګه جوړه کړي وه؟

1 کورینتهینز 11:1 –زما په شان شئ څنګه چه زۀ د یسوع په شان یم، د یسوع په شان ښودنه اوکړئ.

د یسوع مسیح په شان تربیت ورکړئ.
یسوع لیډرانو ته څنګه ښودنه کړي وه ؟

لوک 6:40- شاګرد د استاذ نه اوچت نه دي خو هر هغهکس چه پوره پوره زده اوکړی د استاذ برابر دي.(ایچ سی ایس بی)

یسوع چاته عظیم لیډر وئیلي دي؟

میتهیو 28-20:25
خو یسوع هغوی ټول راغونډ کړل او هغوی ته یي اووي چه تاسوته پته ده چه حاکمان په خپل رعایا باندي څنګه حکومت کوی، او افسران په خپلو ماتحتو باندي خپل اختیار څنګه استعمالوی،په تاسو کښي چه څوک هم لیډر جوړیدل غواړی هغه دِ خدمت اوکړیاو څوک چه د ټولو نه مخکښي تلل غواړی نو هغه دِستاسو غلامی اوکړی.د سړی ځوی د دِدپاره راغلي دي چه هغه د نورو خدمت او کړیاو دخپل ژوندون دِ د نورو د پاره قربان کړی.

د فوجی غوندي سلام اوکړئ او بیا دواړه لاسونه پو ځاي کړئ او د نوکر غوندي راتیټ شئ.

د عظیم لیډر اووهٔ 7 خوبیاني

جان 13:1:17 –
د ډوډئ د ختمیدو نه لګه شیبه مخکښي یسوع ته پته وه چه د دظ دنیا د پریخودو وخت راغي.او د الله پاک طرف ته به لاړشی. د خپلو خلقو د چا سره چه هغهٔ ډیره مینه کړي وه،هغهٔ اوس هغوی ته خپله پوره مینه اوښودله. د ماښام ډوډئ په خلقو اوخوړه او شیطان جوډاس اسکارییټ د سائمن ځوی باندي ډیره تادی وه چه یسوع بي لاري کړی. یسوع ته پته چه الله پاک هر څه په خپل لاس کښي ساتلی دی او هغهٔ ته پته وه چه هغه الله پاک رالیږلي دي او د هغهٔ طرف ته واپس ځی. بیا هغه سمدستی د ډوډئ نه پاسیدو ،خپلي کپړي اویستلي او د خپل ځان نه یي تولیه تاؤ کړه.د دِ نه پس هغهٔ په لوخی کښي اوبهٔ واچولي او د خپلو منونکو پښي یي اووینځلي او بیا یي په خپله توایه اوچي کړي.هغه سائمن پیټر ته راغلي هغهٔ تري نه تپوس او

کړو چه أقا ته به زما پښي اووينځي.يسوع جواب ورکړو چه اوس زۀ چه کوم ته په هغي نه پوهيږي خو روستو به پوهه شي.
بيا پيټر جواب ورکړو چه نه، ته به زما پښي نه وينځي، يسوع جواب ورکړو چه تر څو زۀ ستا پښي اونه وينځم ته زما سره نه يي.
بيا اقا سائمن پيټر جواب ورکړو چه صرف زما پښي نه زما سر او لاسونه به هم وينځي،يسوع جواب ورکړو چه چاته د صفايي ضرورت وی نو هغۀ ته صرف د پښو وينځلو ضرورت وی،د هغۀ نور بدن صفا وی او ته صفا يي په تاسو کښي ټول صفا نه وی. هغۀ ته پته وه چه څوک هغه بي لاري کوی ځکه هغۀ اووئيل چه هر يو صفا نه وی.کله چه هغۀ د هغوی پښي اووينځلي او جامي يي واچولي او خپل مقام ته واپس شو.
تاسو ته پته چه ماتاسو دپاره څه کړی دی.هغۀ د هغوی نه تپوس اوکړوړ. تاسو ماته استاذ او اقا وائي او په اصل کښي زۀ يم هم داسي،چه زۀ ستاسو اقا او استاذ يم ما ستاسو پښي اووينځلي تا سو هم د يو بل پښي اووينځئ ما ستاسو دپاره يو نمونه پريخو ده، اوس تاسو هغسي کوئ چه څنګه ما تاسو د پاره کړی دی.
ما تاسو ته رښتيا اووئيل چه نوکر د اقا نه غټ نه شی کيدي او پيغمبر د پيغمبر داليږلو والا نه غټ نه شی کيدي.
تاسو اوس په دِ خبرو پوهه يي که تاسو داسي کوئ نو په تاسو به رحمتونه راوريږي او تاسو ته به حوشحلئ ملاويږی.

1. ______________________________

☜ خلقو سره مينه کوئ او په سينه باندي د ميني لاس کيږدئ.

2. ______________________________

د فوجی غوندي سلام اوکړئ او د خدمت کولو دپاره تیار شئ.

3. ______________________________

د دواړو لاسونو سره د روایتی عبادت عوندي راتیت شئ.

4. ______________________________

د دواړو لاسونو نه د غتوګوتو سره دشهادت ګوتو نه د زړهٔ نښه جوړه کړئ.

5. ______________________________

دواړه لاسونه د خپل سر په دواړو طرفونو کیږدئ لکه چه ستاسو په سر دړد وی.

6. ______________________________

بنهٔ مثال ورکړئ اسمان ته بره سر اوچت کړئ او اقرار اوکړئ.

7. ______________________________

✋ دا اوګنړئ چه په هغوی د الله پاک کرم دي،اسمان ته ددعا دپاره لاسونه اوچت کړئ

یاد ګاری باب

جان 13:14-15 اوس چه زهٔ ستاسو اقا او استاذ یم ما ستاسو پښي اووینځلي تاسو هم د یوبل پي اووینځی ما ستاسو دپاره مثال جوړ کړو تاسو دهغي څه اوکړوڅنګه چه ما کړی دی.

مشق

اوس مونږ.ه هم د هغي ښودني عمل کوُو کوم چه یسوع کړي اوو.لکه مونږ.ه د دِ لیډرئ په سبق کښي څه زده کړل.

اختتام

چنلون.

4

ځان تکړه کړئ

تاسو چه کومو ليډرانو ته ښودنه ورکړه هغوی د ټولګو مشری کوی او دا زده کړه کوی چه د ليډرشپ د پاره څه پکار دی. هغوی د بهر نی روحانی سختو او ټولګو کښي د شخصيت په خپلو د مخالفت مخامختيا کوی.دا د ښئ ايډرشپ کنجی ده چه د هر قسمه خلقو او د هغوی په خوښه ځان پوهه کړي شی ځان تکړه کړې يو ډيره ساده لاره ده که خلق پرې ځان پوهه کړی. چه مونږ په دِ ځان پوهه کړو چه مونږ خداي پيدا کړی يو .او څنګه به هغۀ باندې پښه او کلکه عقيده اوساتو.

د شخصيت اتۀ 8 قسمه دی * فوجی * تلاش کونکي *حفاظت کونکي * محرک * ځوی/لور * پادری *خادم * د خادمانو نګران د ليډرانو د شخصيت نه پس، زده کونکي د هر قسمه شخصيت خوبيانو او خاميانو باندې بحث اوکړئ. د ډيرو خلقو دا خيال دي چه الله پاک هغه خلقو سره مينه کوی،چه کوم کس په خپل ثقافت کښي منلي شيږ. د نورو دا خيال دي چه د ليډرشپ د قابليت وجه شخصيت دي. دا محدود خيالونه رښتيا نه دی. په د ِ سيشن کښي په دِ خبره ډير زيات زور ورکړي شوي دي چه ليډران د هر سړی سره ښۀ تعلق ساتی. د ليډرشپ په ښودنه کښي د دِ خبري خيال ساتل پکار دی.چه دوی دِ د هر سړی ضرورت ته اوګوری او نکی چه دټولو د پاره يو شانتي سوچ او ساتی.

تعریف

ترقی کول

مسله

منصوبه

جائزه:

پخیر راغلي
گرجا څوک جوړه وی
دا ولي ضروري ده
یسوع مسیح خپله گرجا څنگه جوړه کړي وه

1 کورینتهینز 11:1- زما پیروکار جوړ شئ،
څنگه چه زۀ د یسوع مسیح یم (سیا یا نیا)

د یسوع مسیح په شان تربیت ورکړئ.
بیسوع مسیح لیدرانو ته څنگه تربیت ورکړي؟

یو پیروکار په مرتبه د خپل استاد نه اوچت نه وی
خو که مکمل تربیت یافته وی A-لیوک 6:40نو
بیا د خپل استاد په شان وی.(ایچ سي ایس بی)

د یسوع مسیح په شان رهنمائ اوکړه
یسوع مسیح به چاته عظیم لیدر وائ؟ ✋
د عظیم لیدر اووۀ لوي خوبیاني څه چه دی؟

جان 13:14-15 –اوس زۀ ستا ملک او استاد
یم، ستاسو پښې مې اووینځلې، اوس تاسوله هم
پکار دی چه د یو بل پښې اووینځئ، ما تاسو ته
یو مثال پریښودو اوس تاسو له هم پکار دی چه
زما په شان اوکړئ.

تاسو ته الله پاک کوم شخصیت درکړي دي؟

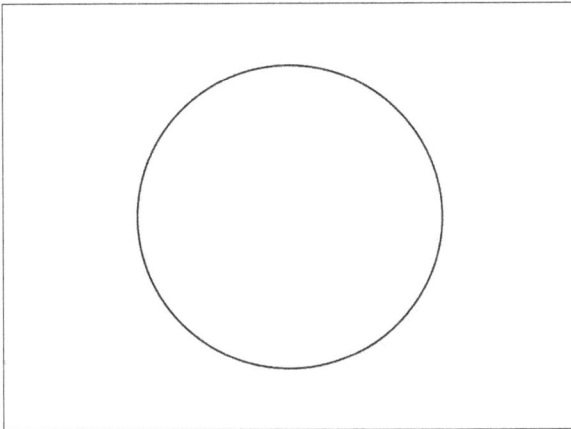

الله پاک د کوم قسمه شخصیت سره مینه کوی.

د شخصیت کوم قسم بنۀ لیډر جوړه وی

یاد ګاری باب

رومنز 12:4-5
څنګه چه زمونږ یو بادی وی او د هغي ډیر ممبران وی او د هر یو ممبر یو شانتي کار نه وی دغه شان په یسوع عقیده ساتلو والا مونږ ډیر خلق یو مجلس جوړه وو او هر یو ممبر زمونږ د هر یو سره تعلق ساتی.

مشق

اختتام

د امریکي چیز برګر

5

په یوالي کښني ترقی کول

مشرانو خپل شخصیتونه په اخري سیشن کښني بیاموندل. یو والی کښني ترقی ده، دا ښاي د لیډرانو دشخصیت قسم څنګه د نورو سره تفا عل کوی. په دنیا د خلقو ولي اتۀ قسمه شخصیتونه دی. څوک واي چه د نوح په کستئ کښني اته 8 کسان اوو خو ځنی واي چه الله پاک شخصیتونه د پرکار په نقطو باندي لکه سویل،سویل نمر خاتۀ، وغیره جوړ کړۀ.مونږ په ساده توګه دد وجه بیانولي شو، دنیا کښني اتۀ 8 مختلف شخصیتونه دی ځکه چه الله پاک په خلقو کښني ځان پیدا کړي دیږ. که تاسو غواړئ چه خداي به څنګه ښکاری نو تاسو ته یسوع ته اوګورئ.دنیا کښني قسمه شخصیتونه د یسوع د اتۀ 8 تصویرونه د دنیا په ائینه کښني ښکاری،.یسوع د فوجی په رنګ دي چه هغه د خداي د فوج لیډر دي.

هغه د کتونکی په رنګ دي، هغه ورک شوی را پیدا کوی،او محفوظ کوی،هغه د یو ګډبه غوندي دي،خپلو غوښتونکو ته خوراکړاوبه او ارام ورکوی.یسوع د کرونده غوندي دي هغه زمونږ په ژوند د خداي لفظونه کری.هغه ځوی دي ،خداي هغۀ ته محبوب وئیلي دي او مونږ

ته يي د اوريدو حکم کړيدي،يسوع ليډر دي او مونږ ته ي وېيلی دی چه هغه مونږ د صوفی په توګه اوښايو.هغه يو خدمت ګار دي د خپل تابعدار،تر دي پوري چه مرګ ته پري اورسيدو. اخر کښي يسوع يو نوکر دي ډير پکښي وخت ،پيسه او خلق منظم کئ. هر ليډر د خلقو په يو ځاي د کار کولو کښي د امداد زمه اخستي ده.مخالفت ضرور په مختلف شخصيتونو کښي پيدا کيږی ،ځکه چه هغوی دنيا ته په خپل خپل نظر ګوری. خلق په دوه طريقو سره د مخالفت حل اوباسی يا تري ځان بچ کړی او يا د يو بل سره جنګ اوکړی.

دريمه طريقه دا ده مخالفت ته د اوکتي شی د خداي په روحانيت سره مل شی او د هر شخصيت احترام او کړي شی. دا سيشن د يوي ډرامي سره ختميږی په هغي کښي دا رښتيا په يوه مزاحيه طريقي سره ښودلي شی. ديسوع اتۀ تصويرونه د يو مشکل په مدد باندي چه نورو سره مينه په ښه طريقي سره چنګه کښدي شی. د يسوع د تولو منونکو دا کار دي.

تعريف

ترقی کول

مسله

منصوبه

جائزه:

پخير راغلي
ګرجا څوک جوړه وی
دا ولي ضروری ده
يسوع مسيح خپله ګرجا څنګه جوړه کړي وه

1 کورینتهینز 11:1- زما پیروکار جوړ شئ،
څنګه چه زۀ د یسوع مسیح یم (این اي ایس)

د یسوع مسیح په شان تربیت ورکړئ.
بیسوع مسیح لیډرانو ته څنګه تربیت ورکړي؟

یو پیروکار په مرتبه د خپل استاد نه اوچت نه وی
خو که مکمل تربیت یافته وی A-لیوک 6:40نو
بیا د خپل استاد په شان وی.(ایچ سي ایس بی)

د یسوع مسیح په شان رهنمائ اوکړه
یسوع مسیح به چاته عظیم لییر وائ؟
د عظیم لیډر اووۀ لوي خوبیاني څۀ چه دی؟

جان 13:14-15 –اوس زۀ ستاسو ملک او استاذ
یم، ستاسو پښي مي اووینځلي، اوس تاسوله هم
پکار دی چه د یو بل پښي اووینځئ، ما تاسو ته
یو مثال پریښودو اوس تاسو له هم پکار دی چه
زما په شان اوکړئ. :

ځان تکره کړئ
تاسو ته الله پاک کوم شخصیت درکړي دي؟
خداي کوم قسم شخصیت ډیر خوښه وی ؟
کوم قسم شخصیت ښۀ لیډر جوړه وی؟

رومنز 12:4-5 څنګه چه زمونږ یوه باډی وی
او د هغي ډیر ممبران وی او د هر یو ممبر یو
شانتي کار نه وی دهر چا کار مختلف وی.بس په
یسوع کښ مونږ مختلف شکلونه په یو بدن کښي
یو او هر یو د نوروسره کلک او پوخ تعلق ساتی.

په دنيا کښي اتهٔ قسمه خلق ولي دی؟

جينسز 1:26
بيا خداي اوئيل ، راځئ چه انسان جوړ کړو د خپل ځان غوندي.

کلوزينز 1:15
هغه د خداي نه ليدونکي شکل دي، د ټول مخلق نه اول پيدا شوي اوو.

____

يسوع څه رنګه اوو؟

1. ______________________________

ميتهيو 26:53
يا تاسو نه ته ده چه ځهٔ خپل پلار ته اواز نه شم کولي.او هغه به زما دپاره دفرشتو يو لوي فوج رااوليګی.(ايچ سی ايس بی)

تورە را اوباسه

2. ______________________________

لوک 19:10
د انسان ځوی د ورک شوؤ د تلاش کولو او دحفاظت کولو دپاره رااليږلي شويدی.(اين اي ايس)

د سترګو نه بره لاس سره مخکښي روستو اوګوره.

3. ______________________________

جوهن:10:11
زۀ ډېر ښه ګډبه يم او ښۀ ګډبه د ګډو دپاره خپل ژوندوقف کړي.

خپل ځان اړخ ته لاسونه راتاؤ کړه لکه چه خلق رابلي.

4. ______________________________

ميتهيو 13:37
او هغۀ اووي،چه د انان ځوى ښۀ تخم کرى.

په لاسونو سره تخم اوشينده.

5. ______________________________

لوک9:35
د وريځو نه اواز راغي او وي وئيل چه دا زما ځوى دي، دي ما اوکتو د دَ واورئ.

خپلي خولي ته لاسونه وړاندي کړئ لکه چه خوراک کوئ.

.6 ______________________________

مارک8:31
هغۀ بيا هغوي ته سبق ښودل شروع کړل چه دانسان ځوى وى نو خا مخا به سختي وينى او مشران به يي نه مني. مشر پادرى او دقانون استاذان به يي نه منى. او هغه به خامخا وژلي شى.

خپل لاسونه په کلاسيکى انداز کښي اوچت کړئ ځنګه چه د دعا دپاره لاسونه اوچتولي شى.

.7 ______________________________

جوهن 13:14:15
اوس زۀ ستاسو او استاذ يم، ستاسو پښي مي اووينځلي، اوس تاسوله هم پکار دى چه د يو بل پښي اووينځئ، ما تاسو ته يو مثال پريښودو اوس تاسو له هم پکار دى چه زما په شان اوکړئ. :

ښۀ په زوره ستړک اووهه.

.8 ______________________________

لوک6:38
تاسو ورکړئ تاسو ته به درکړي شى.يو ښه ناپ کول ،زور کول، په جمع خوزول،او په منډه. د تلو والا به ستا غيږه کښي غورزيږى. چه ناپ کول ته استعمالوي، دغه به ستا رپاره ناپ کيږى.

د قميص د جيب نه يا د بټوي نه پيسي واخله

چه کله مخالفت پیدا شی نو مونږ سده کومي ذري خوښي دي؟

.1 ______________________________

موتي يو خاي کړی دیو بل نه يي لري کړی اوخپلي شاته يي يو سئ.

.2 ______________________________

موتی يو ځاي کړئ او يو ځاي يي او ښايي.

.3 ______________________________

او د هغهٔ دسلطنت د پاره کار اوکړو.چه د يسوع په مجلس کښي راغوند شو،او دهغهٔ د سلطنت دپاره ار اوکړو.

یاد ګاري باب

ګليتينز2:20-
زه په عسائيت خپل ځان ورکوم اودا ډيره لري نه چه زهٔ ژوندي پاتي شمخوعسئيت به هميشه په ما کښي ژوندي وی.(این اي ایس)

مشق

د ډرامي مقابله ๛

یو عام سوال

دیسوع په اتۀ تصویرونو او روحانی ډالو کښي څه فرق دي؟

6

تعلیمات/ اسمانی صحیفي خورول.

د خلقو څنګه عقیده ده چه هغوی د تعلیماتو باره کښي نه دی اوریدلی؟ د بد قسمتئ نه دیسوع منونکی هر وخت په تعلیاتو باندي یو بل سره بحث نه کوی.خو خلق عقیده ساتی . ددي یوه وجه داده چه څنګه دیو بل سره په تعلیماتو خبري اوکړی نو دوی په دِ نه پوهیږی. بله وجه داده چه دنیا مشغول شی او تعلیمات تر هیر شی. په تعلیماتو خبري اتري په سبق کښي مشرانو ته دا ښودلي شی چه د تعلیماتو تعویز جوړ کړي شی او دوستانو ته ورکړي شی داتعویز به مونږ. ته یاد ګیرنه را کوی چه د تعلیماتو باره کښي خلقو ته څنګه پته لګی او خداي ته څنګه رسی.

د تعلیماتو تعویز دا خبره کوی چه څنګه مونږ. د خداي خاندان پريښي دي.په شرو ع کښي خداي د سرو یوه دانه وه روخ القدوس یوه مکمله دنیا چه په کښی اسمانونه او سیندونه په اودی رنګ کښي جوړ کړل. هغۀ انسان پیدا کړو او په ښاصسته چمن کښي يي واچولو. ړومبی سړی او ښځي د خداي نافرمانی اوکړه او دنیا ته يي ګناه او تکلیفونه

راوړل. او دا توروالي دي،خداي يسوع دنيا ته راوليږلو او هغهٔ يو صفا او مکمل ژوند تير کړو، او دا سپين رنګ دي.هغهٔ زمونږ د پاره ځان مړ کړو، او دا سور رنګ دي. د تعليماتو تعويز مونږ ته د خداي اړخ ته د واپس تلو طريقه ښايي.

خداي فرمائيلی دی چه څوک دا عقيده لری چه يسوع د دوی دپاره د بدلي په مرګ مړدي، سور رنګ يي ښودلي دي او يسوع خداي راليږلي دي په سپين رنګ سره د دوی ګناهونه صفا شو د تور رنګ، عداي مونګ واپس خپل خاندان ته بوځی او مونږ د يسوع په شان ترقی کوو،په شين رنګ سره. خداي مونږ ته خپل مقدس روحانی اودی رنګ راکوی.

او هغه زمونږ سره وعده کوی چه د مرګ نه پس به مونږ د هغهٔ سره يو چه په هغي کښي د سرو کوڅي د سرو په رنګ مونږ ته ښايي.سبق په دي ختميږی چه خداي ته دتلو يسوع يوه لاره ده.څوک هم دومره پوهه، ښهٔ،مضبوط يا د ميني والا نه شته چه په خپله خداي ته اورسی. د يسوع لار يو لاره ده چه خداي ته په سړي رسی. يسوع منل يو داسي رښتيا دی چه خلق پري د ګناهونو نه خلاصيږی. بس يسوع داييمی ژوند ورکولي شی ځکه چه د بدل په مرګ ژوندي وو.

تعريف

ترقی

مسله

منصوبه

جائزه:

پخير راغلي
گرجا څوک جوړه وی
دا ولي ضروری ده
يسوع مسيح خپله گرجا څنگه جوړه کړي وه

1 کورينتهينز 11:1- زما پيروکار جوړ شئ، څنگه چه زۀ د يسوع مسيح يم (اين اي ايس)

د يسوع مسيح په شان تربيت ورکړئ.
بيسوع مسيح ليډرانو ته څنگه تربيت ورکړي؟

يو پيروکار په مرتبه د خپل استاد نه اوچت نه وی خو که مکمل تربيت يافته وی A-ليوک 6:40 نو بيا د خپل استاد په شان وی.(ايچ سي ايس بی)

د يسوع مسيح په شان رهنمائ اوکړه
يسوع مسيح به چاته عظيم ليير وائ؟
د عظيم ليډر اووۀ لوي خوبياني څه چه دی؟

جان 13:14-15 –اوس زۀ ستا ملک او استاد يم، ستاسو پښي مي اووينځلي، اوس تاسوله هم پکار دی چه د يو بل پښي اووينځئ، ما تاسو ته يو مثال پريښودو اوس تاسو له هم پکار دی چه زما په شان اوکړئ.

ځان تکړه کړئ
تاسو ته الله پاک کوم شخصيت درکړي دي؟
خداي کوم قسم شخصيت ډېر خوښه وی ؟
کوم قسم شخصيت ښۀ ليډر جوړه وی؟

رومنز 12:4-5 څنگه چه زمونږ. يوه بادی وی او د هغي ډير ممبران وی او د هر يو ممبر يو شانتي کار نه وی دهر چا کار مختلف وی.بس په

يسوع کښ مونږ مختلف شکلونه په يو بدن کښي
يو او هر يو د نوروسره کلک او پوخ تعلق ساتی.

مضبوط اتحاد:
په دنيا ولي اته قسمه خلق دی؟
يسوع مسيح ته څه خوښ دی؟
مونږ کومي دري خوښي استعالولي شو چه کله چه اختلاف پيدا شی؟

ګليتينز2:20- زه په عسائيت خپل ځان ورکوم اودا ډيره لري نه چه زۀ ژوندي پاتي شمخو عسئيت به هميشه په ما کښي ژوندي وی.(اين اي ايس)

زۀ ساده تعليم څنګه خورولي شم؟

لوک 24:1-7
د هفتي په ړومبئ ورځ سخر وختی .ښځو مزيدار خوراک تيار کړي وو،او مقبري طرف ته لاړي.هغويد قبر نه خوئيدلي يوکانړی/تکه اوليده خو چه کله هغوی دننه شوي ،نو هغوی ته د اقا يسوع جسم مبارک ملاؤ نه شو.په د خبره هغوی ډيري حيراني شولي ، چه اچانک په کپړو کښ ملبوس د مدهم رنړا په شان د هغوی په کښي او دريدل،هغه ښځو د يري خپل مخونه زمکي طرف ته ښکته کړل،خو سړو هغوی ته اووئيل. ولي تاسو يوژوندي کس په مړو کښ ګورئ؟ هغه دلته نه شته، هغه اوچت کړي شوي دي .ياد ساتئ هغۀ تاسو ته څه ئيلی وو چه هغوی تاسو سره اوس هم په ګيليلی کښي دي.د انسان بچي د ګناهونو په لاس کښي ضرور ورکړي شوي دي.قربانئ ورکړئ،او په قيامت به بيا تاسو پاسولي شی.

سرو رنگي تسفي

اودى تسفي:

شين رنگي تسفي:

توري تسفي:

سپيني تسفي

سري تسفي

سري تسفي

سپيني تسفي

توري تسفي

شين رنگي تسفي

اودى رنگي تسفي

يسوع دوى خوښه وى

مونږ ته ديسوع مسيح د مدد ضرورت ولي دي؟

1. ______________________________

عيسائيه 55:9 –
ځنګه دا معلومه ده چه جنتونه د زمکي نه ډير بره دی.
دغه شان زما لاري ستاسو د لارو نه ډيري بره دی، او
زما سوچ ستاسو د سوچ نه .

☞ د خپلو دواړو لاسو د شهادت ګوتي د خپل سر
دواړو طرف ته کيږدئاو سر او خوزه وئ ؛نا؛

2. ______________________________

عيسائيه:64:6
مونږ ټول په ګناهونو کښي لت پت يومونږ. خپلي نيکي
کارنامي ښائيو مګر هغه د يو ګنده او نپاکه کپړي په شان
دي.د خزان د پاڼړو په شان مونږه مړاوی کيږو ،کمزوري
کيږو او بيا غورزيږو،او زمنږ ګناهونه مونږه د هوا په
شان لري اوړی.(اين ايل تی)

☞ داسي اوښائي چه تاسو د قميص د جيب نه ډيري
پيسي واخلو او خپل سر اوخوزَوئ چه ،،نا،،

3. ______________________________

رومنز7:18-
ځومره چه ماته معلمه ده چه ما کښي هيڅ يو شي ښه نه
شته که هغه زما بدن دي يا روح.د دي مقصد حاصلولو

دپاره زما ارزو ده چه څه شي به زما دپاره ښه وي،مګر د دِ پاره ما کښي دومره قابليت نه شته. (ایچ سی ایس بی)

خپل دوړه لاسونه د طاقتور سړی طرف ته اوچت کړئ او خپل سر اوخوزه وئ چه ،،نا،،

.4 ______________________________

رومنز 3:23-
به د الله پاک په نیز قابل قبول وی .صرف یسوع مسیح مونږ د الله پاک خاندان ته واپس کولي شی.مونږ له د هغه په نیکئ به یقین پکار دي،په خپل نه.

خپل لاسونه د ترازو په شان یو شان او نیسئ او ښکته بره حرکت ورکړی او پل سر اوخوزه وئ.،نا،

اهم باب

جان 14:6-
یسوع مسیح جواب ورکړو.،،ځه د الله پاک طرف ته د سچائ او د ژوند سیدها لاره یم ،څوک هم زما نه علاوه زما د پلار طرف ته نه شی راتللي.

مشق

اوس مونږ هغه تربیتی مشق د هغي طریقي طرف ته ځو کومه یسوع مسیح استعمال کړي وه.هغه طریقه مونږه هم په دِ مشق کولو کښي اوښودله.

اختتام:

د تربيتی کسانو زور.

زما د يسوع مسيح منصوبه

7

مریدان جوړول

د یو ښهٔ لیډر سره یوه ښهٔ منصوبه وی.یسوط مسیح خپلو مریدانو ته ساده مګر موثره طریقه د پادریت دپاره ورکړي ده.لیوک 10 کښي فرمائ خپل ځان تیار کړئ امن والا خلق تلاش کړئ ښهٔ خبر خور کړئ او نتیجه واخلئ ،یسوع مسیح مونږ. ته د اختیارولو دپاره یوه ً منصوبه راکړي ده.

که چري مونږه په یو ګرجا کښي پادریت شروع کړویا د نوي ګرجي یا د دهغه ټولګي نو د یسوع مسیح د منصوبي په ذریعي سره مونږه د غیر ضروری غلطیانو نه ځان بچ کولي شو.دا سبق لیډرانو ته دا ښائ چه څنګه به ذاتی طور باندي د یسوع مسیح دمنصوبي سره د یو بل رهنمائ اوکړو.او دا کار به هم شروع کړی چه دیسوع مسیح منصو به بندی خپل ټولګی ته وړانمدي کړی.

تعریف/ثنأ خوانی

ترقی:

مسائل:

منصوبه

جائزه

پخیر راغلي
ګرجا څوک جوړه وی؟
دا ولي ضروری ده؟
یسوع مسیح خپله ګرجا څنګه جوړه کړي وه؟

1 کورینتهینز 11:1- زما پیروکار جوړ شئ، څنګه چه زۀ د یسوع مسیح یم (این اي ایس)

د یسوع مسیح په سان تربیت ورکړئ.
بیسوع مسیح لیډرانو ته څنګه تربیت ورکړي؟

یو پیروکار په مرتبه د خپل استاد نه اوچت نه وی خو که مکمل تربیت یافته وی A-لیوک 6:40نو بیا د خپل استاد په شان وی.(ایچ سي ایس بی)

د یسوع مسیح په شان رهنمائ اوکړه
یسوع مسیح به چاته عظیم لییر وائ؟
د عظیم لیډر اووۀ لوي خوبیاني څه چه دی؟

جان 13:14-15 –اوس زۀ ستا ملک او استاد یم، ستاسو پښې مي اووینځلي، اوس تاسوله هم پکار دی چه د یو بل پښې اووینځئ، ما تاسو ته یو مثال پریښودو اوس تاسو له هم پکار دی چه زما په شان اوکړئ.

مضبوط اودریږئ
کوم شخصیت الله پاک تاسو ته درکړي دي؟
الله پاک د شخصیت کوم یو قسم زیات خوښه وی؟
د شخصیت کوم قسم ښهٔ لیډر جوړه وی؟

رومنز12:4-5 - زمونږ هر یوکس یو بدن دي د ډیرو نمائنده ګانو سره، او د ټولو نمائنده ګانو یو کار نه دي.پس په عسائیت دډیرو کسانو یو بدن وی.او هر نمائنده باقي ټولو سره جوړ وی.

مضبوط اتحاد:
په دنیا ولي اته قسمه خلق دی؟
یسوع مسیح ته څه خوښ دی؟
مونږ کومي دري خوښي استعالولي شو چه کله چه اختلاف پیدا شی؟

ګلیتینز2:20- زه په عسائیت خپل ځان ورکوم اودا ډیره لري نه چه زهٔ ژوندي پاتي شمخوعسئیت به همیشه په ما کښي ژوندي وی.(این اي ایس)

تعلیمات خورول:
زهٔ به عام تعلیم څنګه خوروم؟
مونږ.ته د یسوع د امداد ضرورت ولي دي؟

جان 14:6- د یسوع مسیح جواب:زهٔ لاره یم د خقیقت او د ژوند. څوک هم پلار ته نه ځی بغیر زما نه.

د یسوع دمنصوبي ږومبئ مرحله څه ده؟

لیوک 10:1-4-
[1]د هغي نه پس مالک نور دوه اوویا 27 کسان مقرر کړل او د 2،2 مخکښي هر یو قصبي ته اولیګل او هلته ي کینه ول چرته چه هغوی له تلل اوو.

[2]هغه هغوی ته اووئيل :فيل ډير زيات شوي دي خو مزدوران کم دی.د فصل مالک ته اووايه چه د ډِ پټی فصل د پاره نور مزدوران راواستوی.
[3]لاړ شئ!زه تاسو داسي ليږم لکه څنګه چه د ګډو مينځ کښي ليوۀ روان وی.
[4]ځان سره بټوه يا تهيلئيا سينډ ل مه وړئ او مۀ چاته په روډ سلام کوئ.

ماته غور اوکړئ

- د دواړو لاسو مينځنئ ګوتي د اشاري په توګه استعمال کړئ او يو ځاي ځئ.

هغه ځاي ته لاړ شي کوم ځاي کښي چه يسوع مسيح کار کوی.

- يو لاس په سينه کيږدئ او سر اووخوزه وئ چه :نا:

- يو لاس په سترګو کيږده ، کس او ښئ لاس ته تلاش شروع کړئ.

- لاس مخي ته يوسئ خپل مخامخ ځاي ته اشاره اوکړئ او خپل سر اووخوزه وئ :خه:

- خپل لاسونه بره په تعريف کښي اوچت کړئ او بيا تير او بير په زړۀ کيږدئ

د لیډرانو د پاره د زړۀ د اخلاصه دعا اوو غواړئ.(2)

- لاس د عبادت دپاره خوارۀ کړئ.
- خپل د لاسو نو تلی خپل مخ ته د ډهال په شکل کښي اونیسئ او مخ بل طرف ته واړه وئ.
- د حاصلات/غوښتني د پاره دلاسونو نه د پیالئ شکل جوړَول.
- په دعا کښي بند لاسونه د تندی په برَنئ حصه کیږدئ. چه تعظیم تري نه معلومیږی.

په انکسارئ سره ځئ.(3)

عظیم لیډران

- لاسونه د دعا په شکل کښي او تیټ شه.

په الله پاک انحصار کول او په پیسو نه کول.

پیسه د شهد په شان ده

- بهانه اوکړه چه ستا د جیبه پیسه لاړه ، خپل سر اوخوزوه ،نه،او بیا أسمان ته اشاره اوکړه او خپل سر اوخوزوه ،او،.

سيدها هغه ځاي ته ځه کوم ځاي نه چه درته
اواز درکړي کيږی.(4)

✍ ګډوډ دماغ والا ✍

خپل تلي کيږدئ او د دواړو لاسو ګوتي يو ځاي کړئ
او بلکل يو سيدها حرکت جوړ کړئ.

مشهور/ياد ګاري باب:

ليوک:10:2
هغه هغوی ته اووي ،،چه فصل ډير زيات دي ، او
مزدوران لګ دی.د فصل مالک ته اووايه چه د دِ پټي
فصل ته نور مزدوران رااوليګی.

مشق :-

اختتام

زما د يسوع منصوبه

8

ټولګی شروع کول

لیډران خپل زړونه د یسوع د منصوبې د ړومبۍ مرحله د پاره ځان تیاره وی.سبق ټولګی شروع کول دوئمه، دریمه،او څلورمه مرحله قابو کوی.مونږ د وزارت او په مقصدکښې ډیرو غلطیانو نه ځان بچ کولې شو که چرې مونږه په لوک 10 کښې د یسوع مسیح د منصوبې د اصولو پیروی اوکړو.لیډران دا اصول د سبق په اخر کښې اختیاروی کله چه دوی د یسوع منصوبه باره کښې خپله ذاتی رای لیکی.

دویمه مرحله تقریباً رشتو ته تقویت ورکول دی.مونږ الله پاک طرف ته ځو کوم ځای کښې چه هغه کار کوی او اهم خلق کوم چه د پیغام ذمه وار دی.مونږ خورو او څښنو ،هغوی مونږ له څه راکوی چه مونږ ورته خپل قبولیت ښکاره کړو.مونږ نه ځو د یوی دوستۍ نه بلې دوستۍ، ځکه چه دا د زوړنو د رشتو په مینځ کښې پیغام ته نقصان رسوی.

مونږ په دریمه مرحله ښکلې پیغام خوروؤ.یسوع مسیح په شان د یو نګران دې چه خلق بچ کړی او هر څه ورکړی. په د مرحله کښې تربیتورکولو ولا لیډرانو ته حوصله ورکوې او ښه وزارت کښې د ښه والی لارې تلاش کوی.خلق پرواه نه کوی چه ته څه پیژنې تر هغې پورې چه خبر شی چه ته خیال کوې.

د بيمارئ ښهوالي د علم د خوروواو دروازي كهلاوئ.مونږ د نتيجو ارزو لرو او په شچلورمه مرحله كښي ځاي كوؤ.خلق څنګه قبلونكى دى؟ايا د هغوى د روحانى معاملاتو ګښي اصل دلچسپي ده يا يوه بله وجه چه پيسه د هغوى په خيالاتو كښي ګرځى؟كه چري خلق توجه راكوي نو بيا مونږ قيام كوؤ اوكار جارى ساتو. او كه چري خلق توجه نه راكوى نو بيا د يسوع د حكم اطاعت كوؤ ځاي پريږدو او كوم ځاي چه غلطى نو دهغه ذاي نه شروع كوؤ.

صفت/تعريف

كاميابى:

مسائل:

منصوبه:

جائزه :

په خير راعلي
چرچ څوک جوړوى؟
هغه ولي اهم دى؟
يسوع مسيح خپل چرچ څنګه جوړوى؟

-1 كورين تهيئنز 11:1 –زما تقليد اوكړئ صرف او صرف چه زه هم يو عيسائ يم.(اين اي ايس)

ديسوع مسيع په شان تربيتي
يسوع مسيح به ليډرانو ته څنګه تربيت وركولو؟

ليوک 6:40 –يو مريد د خپل استاد نه زيات اوچت نه وی ،خو هر هغه څوک چه پوره تربيت ي اخستي وی د خپل استاد په شان وی. (ايچ سی ايس بی)

ديسوع مسيح په شان قيادت :

چوک وائ چه يسوع مسيح د ټولو نه غټ ليډر دي؟

د غټ ليډر اووۀ(7) خصوصيات څه څه دی؟

جان -15-13:14-اوس زۀ ستاسو مالک او استاد يم، ستاسو پښي مي اوؤينځلي ، تاسو ته هم پکار دی چه د يو بل پښي اوؤينځئ.ما ستاسو دپاره يو مثال قايم کړو او تاسو له پکار دي چه زما په شان اکړئ.

غټي مرتبي:

الله پاک تاته کوم شخصيت در کړي دي.

الله پاک ته د شخصيت کوم قسم زيات خوښ دي؟

د شخصيت کوم قسم بهترين ليډر سازوی؟

رومنز5-12:4 - زمونږ هر يوکس يو بدن دي د ډيرو نمائنده ګانو سره، او د ټولو نمائنده ګانو يو کار نه دي. پس په عسائيت دډيرو کسانو يو بدن وی.او هر نمائنده باقي ټولو سره جوړ وی.

مضبوط اتحاد:

په دنيا ولي اته قسمه خلق دی؟

يسوع مسيح ته څه خوښ دی؟

مونږ کومي دري خوښي استعالولي شو چه کله چه اختلاف پيدا شی؟

ګليتينز2:20- زه په عسائيت خپل ځان ورکوم اودا ډيره لري نه چه زۀ ژوندي پاتي شمخوعسئيت به هميشه په ما کښي ژوندي وی.(اين اي ايس)

تعلیمات خورول:
زۀ به عام تعلیم څنګه خوروم؟
مونږته د یسوع د امداد ضرورت ولې دي؟

جان 14:6- د یسوع مسیح جواب:زۀ لاره یم د خقیقت او د ژوند. څوک هم پلار ته نه ځی بغیر زما نه.

مریدان جوړ کړئ.
د بسوع مسیح د منصوبي ړومبئ مرحله څه ده؟

لیوک 10:2-4 هغه هغوې ته اووي چه فصل ډیر زیات دي خو مزدوران کم دی.د فصل ملک ته اووایه چه ددِ فصل پټی ته نور مزدوران رااولیږی.

د یسوع مسیح د منصوبي دویمه مرحله:

لیوک 10:5-8
5هر کله چه تاسو یو کور ته ننوځئ نو اول په کور ته
سلام اوکړئ.
6که چري په دغه کور د سلامتئ او امن والا کس وی نو
ستا سلام به هغه ته سکون رسئ او که نه وی نو دا به
واپس تاته رسی.
7دغه کورکښي ایسار شئ او کهانا پینا اوکړئ، او هر هغه
څه چه تاسو ته درکړي شی اخلئ او د کارکونکو خیال
اوساتئ او د دغه کوره نورو کورونو ته مه ځئ را ځئ.
8هر کله چه تاسو یو ښاون ته داخل شئ او تاسو ته هر کلي
اوویلي شي نو بیا هر څه د خوراک تاسو ته وړاندي شی
نو خورئي.

پر امن خلق او لټوئ(5،6)

لاسونه یو ځاي کړئ لکه ښنګه دوستان لاسونه خوزه وی.

خورئ او ښبنئ هر هغه څه چه درته درکولي شی.

د خوراک ښبناک د پاره بهانه ګؤرئ.او بیا په خپله خیټه لاس راکاږئ چه خوراک ډیر د مزي اوو.

د یو کور نه بل کورته مه ځئ

د کور د چهت خاکه په دواړو لاسو جوړه کړئ. د کور مختلف ځایونو ته اورسئ او خپل سر او خوزه وئ چه ؛نا؛

یو کلي به ښنګه خفه کوي

د یسوع د منصوبي دریمه مرحله څه ده؟

لیوک 10:9—
د مرض نه د روغیدو هغوی ته اووایه چه هلته چوک دی،د الله پاک بادشاهی ډیره نزدي ده تاسو ته.،

دمرض روغیدل (9)

☜ خپل لاسونه خوارۀ کړه داسي لکه چه ته یو بیمار کس په لاسونو پروت يئ او هغه د مرض نه د روغیدو په طمع وی.

تعلیمات خوارۀ کړئ (9)

☜ خپل لاسونه د خُلي نه دا چاپیره کړه لکه څنګه چه تا میګا فون نیولي وی.

د دوَؤ وزرو مرغئ

د یسوع د منصوبي څلورمه مرحله څه ده؟

لیوک 10:10-11 –خو چه کله مونږ یو قصبي ته ننوځو او مونږ ته هر کلي او نه وئیلي شی نو دهغه کوڅو ته لاړ شئ او اووایئ ، تر دِ پوري چه ستاسو د کوڅو ګرد غبار زمونږ پښو پوري لګی مونږ به ستا سو خلاف لري کوو. په د پوهه شئ :چه د الله پاک بادشاهی نزدي ده.

جانچ پړتال اوکړئ چه هغوي څنګه جواب در کوی.(11،10)

☝ خپل د لاس تلی د ترازو د یو شان کولو دپاره وړاندي اونیسه.ترازو ښکته او بره کړه دیو سوال سره کوم چه ستا د مخ نه ظاهریږی.

هغوي پریږده چه څوک جواب نه درکوی.

☝ که چري څه نتیجه نه راځی نو پریږدئ او په مخه ښه اووائ.

یاد ګاری باب

لیک-10:9-
دمرض نه د جوړیدو ،هلته څوک دی او هغوی ته اووایه،چه داالله بادشاهی نزدي ده.،،

مشق :-

اختتمام

زما د یسوع منصوبه

9

ټولګۍ زیات کړئ.

په الله پاک د مضبوط یقین ساتلو په نتیجه کښي مثالی او صحت مندي ګرجي ،تعلمات خورول ،مریدان جوړول،ټولګۍ شروع کول، او لیډرانو ته تربیت ورکول شامل دی.زیات تر لیډرانو ګرجي نه دی شروع کړي خو،او نه ورته دا پته شته چه چه شرع به څنګه کوي.،،ټولګۍ زیاتول ،،د یو خوودل او په هغه ځاي کښي ټولګۍ شروع کول چه د ګرجو سبب جوړیدي شی.د عمل په کتاب کښي،یسوع مونږ. ته حکم راکویی چه په مختلفو علاقو کښي ټولګۍ شروع کړئ.هغه فرمائ چه په ښار کښي او په کوم ځاي کښي چه مونږ. اوسیږ.و ټولګۍ شروع کړئ.بیا، هغه فرمائ چه نوي ملګر تیا په خواؤ شا علاقو کښي ،او مختلف ثقافتی ټولګۍ په هغه ځائ کښي په کوم کښي مونږ. اوسیږ.و شروع کړئ.په اخره کښي یسوع مونږ. ته حکم راکوی چه لري ځایونو ته لاړ شئ او د دنیا هر ثقافتي ټولګو ته اورسئ. تربیتیان د لیډرانو ته حوصله ورکړی چه دیسوع زړۀ دټولو خلقو دپاره قبول کړی،او د یروشلم ،جودیا،سماریااو د دتیا اخری ګوټ ته د رسیدو منصوبي سازي کړی. لیډران د دا ذمه داریٔ د یسوع منصوبي کښي شاملي کړی.

د عمل کتاب کښي هم دا بیان شوی دی چه د ټولګو د شروع کوونکو څلور قسمه دی.پیټر،او پاسټر د کارنیلس په کور کښي د ټولګو په شروع کولو مدد کوی.پاول چه یو پیشه ور کس نه دي د ټولګو شروع

کولو دپاره د ټول روم سلطنت سفر کړي.پرائسیله او اقویله د خپلو تجارتونو مالکان دی، هغه ځاي کښې ټولګۍ شروع کوی کوم ځاي چه د هغوی کاروبار سمي خوری.ازار شوی خلق د اتم ایکټ مطابق خوارهٔ شویاو هر هغه ځاي ته چه هغوی تلی ټولګۍ شروع کړی.په د سبق کښي،لیډران د خپلي موثر چپي په ذریعه هغه ممکنه ټولګۍ پیژنی، او هغه د یسوع منصوبي سره یو ځي کوی. وخت په تقریر سره اختتام ته رسی چه د ګرجو د شروع کولو دپاره د بینک د ټولو نه غټ اکاؤنټ ته ضرورت دي.زیاتي ګرجي په کورونو کښي د معمولی خرچونو سره شروع کیږی سوا د بائیبله.

تعریف

ترقی

مسائل

منصوبه

جائزه

پخیر راغلي
ګرجا څوک جوړه وی؟
دا ولي ضروری ده؟
یسوع مسیح خپله ګرجا څنګه جوړه کړي وه؟

1 کورینتهینز 11:1- زما پیروکار جوړ شئ، څنګه چه زهٔ د یسوع مسیح یم (این اي ایس)

د يسوع مسيح په شان تربيت ورکړئ.
بيسوع مسيح ليډرانو ته څنګه تربيت ورکړي؟

لوک ايي. يو پيروکار په مرتبه د خپل استاد نه اوچت نه وی خو که مکمل تربيت يافته وی 04:6 نو بيا د خپل استاد په شان وی.(ايچ سي ايس بی)

د يسوع مسيح په شان رهنمائ اوکړه
يسوع مسيح به چاته عظيم ليير وائ؟
د عظيم ليډر اووۀ لوي خوبياني څه چه دی؟

جان 13:14-15 –اوس زۀ ستا ملک او استاد يم، ستاسو پښي مي اووينځلي، اوس تاسوله هم پکار دی چه د يو بل پښي اووينځئ، ما تاسو ته يو مثال پريښودو اوس تاسو له هم پکار دی چه زما په شان اوکړئ.

مضبوط اودريږئ
کوم شخصيت الله پاک تاسو ته درکړي دي؟
الله پاک د شخصيت کوم يو قسم زيات خوښه وی؟
د شخصيت کوم قسم ښۀ ليډر جوړه وی؟

رومنز12:4-5 - زمونږ هر يوکس يو بدن دي د ډيرو نمائنده ګانو سره، او د ټولو نمائنده ګانو يو کار نه دي.پس په عسائيت دډيرو کسانو يو بدن وی.او هر نمائنده باقي ټولو سره جوړ وی.

مضبوط اتحاد:
په دنيا ولي اته قسمه خلق دی؟
يسوع مسيح ته څه خوښ دی؟
مونږ کومي دري خوښي استعالولي شو چه کله چه اختلاف پيدا شی؟

ګلیتینز2:20- زه په عسائیت خپل ځان ورکوم اودا ډیره لري نه چه زهٔ ژوندي پاتي شمخو عسئیت به همیشه په ما کښي ژوندي وی.(این اي ایس)

تعلیمات خورول:

زهٔ به عام تعلیم څنګه خوروم؟

مونږته د یسوع د امداد ضرورت ولي دي؟

جان 14:6- د یسوع مسیح جواب: زهٔ لاره یم د خقیقت او د ژوند. څوک هم پلار ته نه شی تلي بغیر زما نه.

مریدان جوړول

د یسوع دمنصوبي ړومبئ مرحله څه ده؟

لیوک 10:2-- هغه هغوی ته اووئیل :فصل ډیر زیات شوي دي خو مزدوران کم دی.د فصل مالک ته اووایه چه د دِ پټی فصل د پاره نور مزدوران راواستوی.

تولګی شروع کول

د یسوع د منصوبي دویمه مرحله څه ده؟

دیسوع د منصوبي دریمه مرحله څه ده؟

دیسوع د منصوبي څلورمه مرحله څه ده؟

لیوک 10:9ـــد مرض روغ کړئ هلته څوک دي هغوی اووایي،د الله پاک بادشاهی نزدي ده.

هغه څلور ځايونه چرته دي کوم ځاي کښې چه يسوع خپل عقيدتمندو ته د ټولګو شروع کولو حکم کړي دي؟

ايکټس 1:8-
تاکښې به طاقت راشی،هر کله چه تاته روح پاک راشی:او ته زما په يروشلم او تول جوديه او سماريه او د دنيا اخری حده پوري ګواه ي.

1. ________________________________

2. ________________________________

3. ________________________________

4. ________________________________

د ټولګی يا د ګرجي د شروع کولو دپاره څلور طريقي کومي دی؟

1. ________________________________

ايکټس 10:9-
بله ورځ چه څنګه د کارنيلس پيغام رسان چه کله کلی ته نزدي شو،نو پيټر د دعا دپاره چهت ته بره اوختو.او دا غالبا د غرمي وخت اوو.(اين ايل ټی)

.2 ____________________

ایکټس 13:2-
په دغه وخت کښي کله چه هغۀ د خپل اقا خدمت کولو او روژي يي نيولي وي. مقدس روح اووئيل، چه زما د پاره ،بارناس، او ،ساول، ځان له کړه د هغه کار دپاره د کوم دپاره چه ما ورته وئيلی دی.

.3 ____________________

کورينتهينز 16:19-
د ایشیاء د صوبو ګرجي تا ته سلا م کوی. اکویلا او پریسیلا به تاته په لارډ کښي ډير د زړۀ داخلاصه هر کلي وايي ځکه د ګرجي د پاره هغه هر څه اوکړه کوم چه تاته د هغوی د کوره ملاویږی.

.4 ____________________

ایکټس 8:1-
او سال دهغه ګواهانو نه يو ګواه دي او هغه د ستیفن په مرګ مکمل طور باندي راضی وو.په هغه ورځ د اختلاف يو ډير غټه چپه راغله او په يروشلم کښي تولي ګرجي د ځان سره يوړي. او تمام عقيدت مند علاوه د هغه عيسائي تبليغيانو نه کومو چه په جوديا او سماريا د تبليغ په کار کښي خوارۀ وو.(این ایل تی)

ياد ګارى باب/ايت

ايکټس 1:8-
چه کله يو مقدس روح يا وحى په تاسو راځي نو تاسو ته به طاقت ملاويږى او تاسو به په يروشلم او ټول جوديا او سماريا کښي تر د پوري چه په ټوله دنيا کښي به زما ګواهان يي.

مشق

اختتام

د نوي ګرجي په جوړولو به څومره خرچه راځى؟

ټولګى زيات کړئ

يوبله عام پوښتنه.

تاسو به څنګه د يو تربيتى مرحلي دوران کښي د بي تعليمه خلقو سره کار کوئ.

10

د یسوع تابعداری اوکړئ

لیډرانو دستي د مشرانو تربیت په سبق کښي دا زده کړی دی چه ګرجي څوک جوړه وی او دا ولي ضروری ده.هغوی د یسوع د منصوبي پینځهٔ 5 حصو کښي ماهران شوی دی چه دنیا ته اورسی او د بو بل سره د چلولو مشقونه کړی دی. هغوی د غټ لیډر په اووهٔ7 خصوصیاتو هم پوهه شوی دی،او د مستقبل دپاره یي د تربیت وني ته ترقی هم ورکړی ده،او دا هم پیژني چه مختلف شخصیاتو سره به کار چنګه کوی. د هر لیډر سره یوه منصوبه ده چه د یسوع د منصوبي د لوک نمبر 10 مطابق ده. د یسوع تابعداری د لیډرشپ یوه حصي ښایي چه په محرکاتو مشتمل ده.

دوه زره کاله مخکښي ، خلقو به د یسوع تابعداری په مختلفو وجوهاتو کوله. څینی ،جیمز او جوهن خوښه وی،چه د یسوع د تابعداریٔ عقیده به دوی ته شهرت ورکړی.نورو،فاریسیز،خوښه وی،د تنقید دپاره یي دهغهٔ تابعداری کوله او خپله لوی ښکاره کړی. اوسه پوري څینی، جوده خوښه وی، چه د پیسو دپاره یي دیسوع تابعداری کوله. د پینځهٔ زرو یو لویه مجمع دیسوع تابعداری ځکه کول غواړی چه هغهٔ هغوی

ته خوراک ورکړي وو چه د هغوی ضرورت وو. یو بل ګروه د یسوع تابعداری ځکه کوله چه هغوی ته دبیمارئ نه د خلاصی ضرورت وو،او صرف یو کس واوړیدو چه هغه ته شکریه اووایي.افسوس ډیر خلقو د دخپل مطلب دپاره د یسوع تابعداری کړې ده چه هغۀ به هغوی له څه ورکړي شی. نن هم څه مختلف نه دي. د لیډرانو په حیثیت ، مونږ له د خپل ځان معائنه کول پکار دی او تپوس کول پکار دی ،،چه زۀ د یسوع تابعداری ولي کوم؟

یسوع دهغه خلقو تعریف کړي چا چه د هغۀ د زړۀ په مینه تابعداری کړی. د خوشبو یو ډیره قیمتی ډالئ یو نفرت زده ښځي پیش کړه په د وعدی سره چه ما به یا د ساتی کوم ځاي چه د خق پرچار کوی. د یوي کنډي معمولی مینه یسوع ته د دنیا د ټولو خزانو نه غټ چیز دي . یسوع ډیر زیات ناامیده شو کله چه یو ځوان د خپلي وعدي نه منکر شو چه خداي سره د پوره پوره مینه د ږړۀ نه شم کولی. د هغه په ځاي مالداري خوښه کړه. یسوع صرف د پیټر نه دا تپوس هم اوکړو د هغه سوال چه د ګواهی نه روستو ما ځان سره کړه.،، سمن، ایا ته ما سره مینه کوي؟روحانی لیډران خو د خلقو او خداي سره مینه ساتی.

دا سیشن په ډِ ختمیږی چه هر یو لیډر ډِ د یسوع منصوبه خوره کړی.،،لیډران ډِ یو بل دپاره دعا اوغواړی، په یو ځاي دکار کولو زمه داری ډِ واخلی، او دخداي د شان او میني دپاره د د نوؤ لیډرانو ته لار ښودنه اوکړی.

تعریف

ترقی

هر کله رشه
ګرجا څوک جوړه وی؟
او دا ولي اهمه ده؟
یسوع خپله ګرجا څنګه جوړه کړي وه؟

کورینتهینز 11:1 –زما په شان شئ ځنګه چه زۀ د یسوع په شان یم،

د یسوع په شان ښودنه اوکړئ.
یسوع لیډرانو ته څنګه ښودنه کړي وه ؟

لوک 6:40- شاګرد د استاذ نه اوچت نه دي خو هر هغهکس چه پوره پوره زده اوکړی د استاذ برابر دي.(ایچ سی ایس بی)

د یسوع مسیح په شان رهنمائ اوکړه
یسوع مسیح به چاته عظیم لیډر وائ؟
د عظیم لیډر اووۀ لوي خوبیاني څه چه دی؟

جان 15-13:14- اوس زۀ ستا ملک او استاد یم، ستاسو پښې مي اووینځلي، اوس تاسوله هم پکار دی چه د یو بل پښې اووینځئ، ما تاسو ته یو مثال پریښودو اوس تاسو له هم پکار دی چه زما په شان اوکړئ.

غټي مرتبي:
تاسو ته الله پاک کوم شخصیت درکړي دي؟
خداي کوم قسم شخصیت ډېر خوښه وی ؟
کوم قسم شخصیت ښۀ لیډر جوړه وی؟

رومنز 5-12:4 څنګه چه زمونږ یوه باډی وی او د هغي ډیر ممبران وی او د هر یو ممبر یو شانتي کار نه وی دهر چا کار مختلف وی.بس په یسوع کښ مونږ مختلف شکلونه په یو بدن کښي یو او هر یو د نوروسره کلک او پوخ تعلق ساتی.

په يو موټى کيدو کښي طاقت وى.

په دنيا کښي اتۀ قسمه خلق ولي دى؟

يسوع څه خوښه وى؟

چه کله مخالفت پيدا شى نو مونږ سره کومي دري خوښي دي ؟

ګليتينز2:20- زه په عسائيت خپل ځان ورکوم اودا ډيره لري نه چه زۀ ژوندي پاتي شمخو عسئيت به هميشه په ما کښي ژوندي وى.(اين اي ايس)

تعليمات خواره کړئ

ديسوع تابعدارى اوکړئ

زۀ به عام تعليم څنګه خوروم؟

مونږته د يسوع د امداد ضرورت ولي دي؟

جان 14:6- د يسوع مسيح جواب:زۀ لاره يم د خقيقت او د ژوند. څوک هم پلار ته نه ځى بغير زما نه.

مريدان جوړ کړئ.

د بسوع مسيح د منصوبي ړومبۍ مرحله څه ده؟

ليوک 10:2-4 هغه هغوې ته اووي چه فصل ډير زيات دي خو مزدوران کم دى.د فصل ملک ته اووايه چه ددِ فصل پټى ته نور مزدوران رااوليږى.

ټولګى جوړول شروع کړئ

د يسوع مسيح د منصوبي دويمه مرحله څه ده؟

يسوع مسيح د منصوبي دريمه مرحله څه ده؟

يسوع مسيح د منصوبي څلورمه مرحله څه ده؟

لوک 10:9 ـــد مرض د ختمولو د پاره څوک
دغلته دي او هغوی ته اووايي چه دخداي بادشاهی
تاسو ته ډیره نزدي ده.

ګرجي شروع کړئ
هغه څلور ځایونه کوم کوم دی دکومو دپاره چه یسوع خپلو
عقیدتمندو ته د ګرجو شروع کولو حکم کړي دي؟
د ګرجو د شروع کولو چلور وسیلي کومي دي؟
په یو نوی ګرجي جوړولو څومره خرچه راځی؟

ایکټس 1:8-چه کله یو مقدس روح یا وحی په
تاسو راځي نو تاسو ته به طاقت ملاویږی او تاسو
به په یروشلم او ټول جودیا او سماریا کښي تر د
پوري چه په ټوله دنیا کښي به زما ګواهان یي.

منصوبه

تاسو د یسوع تابعداری ولی کوئ؟

1. ______________________________

مارک 10:35-37-
جیم او جوهن، د زیبیدی دوه زامن وو، یسوع ته راغلل،
هغوی اوئیل، ،،استاذ جی مونږ تا غواړو چه ته زمونږ
د پاره څه اوکړی کوم څه چه مونږ تا نه غواړو. او هغۀ
هغوی ته اووئیل،تاسو څه غواړئ او څه تاسو دپاره څه
اوکړم؟،، هغوی هغۀ ته اووئیل، ،،مونږ ته اجازت راکړئ
چه یو ستا ښی طرف ته او بل ګس طرف ته کینو ستاسو
دشان سره.(این اي ایس)

.2 ________________________________

لوک 11:53-54-
کله چه يسوع لاړو، د قانون مذهبی استاذانو او فاريسيز مخالف جوړ شول او په ډيرو تپوسونو يي هغه ته د غصي راوستلو کوشش او کړو. هغوس هغه په خپل جال کښي ګيرول غوښتل چه د هغه چه اووايي او بيا هغوی دعه وينا دهغهٔ خلاف استعمال کړی. (اين ايل ټی)

.3 ________________________________

جوهن 12:4-6-
خو يو د هغهٔ د مريدانو نه، چه جوده جيسکيريټ وو،کوم چه بيل روستو دهغهٔ مخالف جوړشو اعتراض اوکړو،چه ولي دِ دا خوشبو خرڅه نه کړي شي او پيسي يي غيبو خلقو ته ورکړي شی؟ دا خو ديو کال برابر اجرت جوړيږی. هغهٔ دا د دِ دپاره نه وئيل چه هغه د غريبو خيال ساتلو، بلکه هغه يو غټ غل وو. د پيسو په تهيلئ کښي ،هغهٔ پخپله د خپل ځان مدد سره کولو چه څه څه يي په کښي اچولی وو.

.4 ________________________________

جوهن 11:6-51-
يسوع بيا دسترخوان خور کړو. شکريه يي ادا کړه، او په هغه کسانو يي خوان تقسيم کړو چوک چه هلته ناست وو او څومره هغوی ته پکار وو.هغهٔ ټولو ته يو شان کبان ورکړل. کله چه ټول خلق موړ شول نو هغهٔ خپل مريدانو ته اووئيل ،چه څومره تکړي پاتي شوي جمع يي کړئ. يو څيز هم چه ضائع نه شی. پس هغوی هر څه جمع کړل او دولس توکرئ د پينځهٔ پاتی شوی خوانونو نه ډکي کړلي د هغه خوړنکو کسانو د پاتي شوی تکړو نه. دهغي نه خلقو ديسوع د معجزو نښي اوليدي کومي چه

یسوع اوښودې،هغوی خبرې اترې شروع کړې، ،، یقیناً دا پیغمبر دې څوک چه به دِدنیا ته راځی،،. یسوع ته دا پته وه چه د هغوی اراده ده چه راشی او هغه په په جبر بادشاه جوړ کړی، پس غرونه ته په خپله واپس لاړشه.

5. ____

لوک 17:12-14-
یو ځلې یسوع په کلی کښې روان وو، چه لس د برګیمر یضان د هغهٔ خواله راغلهٔ . هغوی لګ جدا اودریدل او چغې یې کړې یسوع، استاد جی، په مونږ ترس اوکړه!،، یسوع هغوی ته په غور سره اوکتل او ورته یې اووئیل، لاړشئ ځان پادریانو ته اوښایې،، هغوی د روانیدو نه پس په لاره کښې د مرض نه جوړ شول.،،(سی ای وی)

ایا تاته هغه د خاندانه شړلیی شوې او ګناهګاره ښځه یاده ده چا چه په یسوع یو ډیره قیمتی خوشبو اچولې وه.

میتهیو 26:13-
یقیناً ،زهٔ تاسو ته دا وئیم، چه د تولې دنیا په کوم ځاې کښې چه د دِ تعلیماتو پرچار کیږی، چه هغې ښځې چه څه هم کړی د هغې په باد کښې به ضرور بحث کیږی. (این اې ایس)

ایا تاته هغه کونده ښځه یاده ده ؟ د چا نذر چه د یسوع زړهٔ په ټوله خانقاه کښې د ټولو نه زیات مالدارو نه هم زیات متاثره کړې وو.

لوک 21:3-
زهٔ تایو ته رشتیا بیانوم ، ،، یسوع فرمائیلی دی چه دِ غریبې کونډې ته د نورو نه زیات هر څه ورکړې شول. (این ایل ټی)

ايا تاسو ته هغه يو تپوس ياد دي کله چه يسوع د پيټر نه کړى وو د هغهٔ د مخالفت نه روستو.

جوهن 21:17-
په دريم ځل هغهٔ، هغهٔ ته اووي، سمن څوى د جوهن،ايا ته ما سره مينه کوي؟،، پيټر اودرديدو ځکه چه يسوع د هغهٔ نه دري ځله تپوس اوکړو، ايا ته ما سره مينه کوي؟ هغهٔ اووئيل ، اقا تاته د هر څه پته ده،تاته دا هم پته ده چه زهٔ تا سره مينه کوم . يسوع ورته اووئيل ، ،،زما ګډو ته خوراک ورکه.،،

ديسوع د منصوبي نمائش

د لیډرانو تربیت

ټریننګ ریډیکل لیډران په خپل ړومبی کورس کښي مریدان جوړوی او د هغو خلقو مدد کوی کوم چه د مریدانو ټولګو ته دلیډرانو په شکل کښي ترقی ورکوی.او نور ګروپونه زیاته وی

د تربیت نتیجي

دا رنګي د ټریننګ سیمنار ختمیدو نه روستو زده کونکی کولي شی.

- نورولیډرانو ته د لسو کسانو ټولګی ته د لیډر شپ تعلیم ورکولي شی.
- نورو لیډرانو ته د یسوع مسیح په ښکلي طریقه تربیت ورکولي شی.
- د شخصیاتو مختلف قِسمونه پیژندي شي او د خلقو سره د یو ټیم په شکل کښي په کار کولو کښي مدد کولي شی.
- یو حکمت والا منصوبه تیاره ولي شي او په روحانی طریقي سره په خپله معاشره کښي نوی ټولګی زیاته ولي شی.
- په د پوهه شی چه څنګه به د چرچ د جوړولو تحریک ته د خلقو مخه کوی

د تربیت طریقه کار

هر لیډر د تربیت په وخت هغه طریقه اختیاروی کومه یسوع مسیح د خپلو مریدانو نه د لیډارنو جوړولو دپاره استعمالوله، دیوعام سبق خاکه باندي عمل په ورکړي شوی مقرر وخت سره کیږی.

تعريف

- ځان له دوه كورسز (ګروپ اوازونه) حمديه كلام په يو ځاي ويل(زيات نه زيات وخت)

(لس منټه)

كار كر دګي

- يو ليډر د خپلي كاركر دګئ حالات په وزارت كښي د باقی ليډرانو سره په اخيری وخت كښي بيانوی. د ليډر او د هغه د وزارت د پاره په جمع دعاګاني غواړی.

(لس منټه)

مسله

- استاد(ټرينر) د ليډرشپ عام مسائل بيانوی,اود قيصي په شكل كښي يا د مٍثالونو په ذريعه يي وضاحت كوی.

(پينځه منټه)

منصوبه

- استاد ليډرانو ته د ليډرشپ ساده او اسان سبقونه ښائ چه د ليډرشپ د مسائلو د حل د پاره پوهه او مهارت وركړی.

(شل منټه)

مشق

- لیډر څلور ټولګي سازوی او د لیډرشپ په طریقو مشق کوی او تازه زده کړي شوی سبقونه یو بل سره اړوی. دا لاندینو ورکړي شوو سره.
    - د دِ لیډر شپ په علاقي کښي ترقی کیږی.
    - د د لیډر شپ په ِعلاقي کښي مسائل مخي ته راځی.
    - منصوبي، د لیډر شپ د سبقونو په بنیاد راتلونکی 30 ورځو کښي پرمخ تګ کوی.
    - د لیډر شپ د سبقونو په بنیاد راتلونکی 30 ورځو کښي د هنر مشقونه کیږی.

(دیرش منټه)

دعا ګاني

- د څلور څلور کسانو ټولګی دعاګاني وائ او د یو بل دپاره دعاګاني غواړی.

(لس منټه)

اختتام

- زیات اختتامی وختونه د یادولود سرګرمو سره ختمیږی. کوم چه د لیډرانو د لیډرشپ د سبقونو د سیاق وسباق سره تعلق ساتي.

(پنځلس منټه)

د تربیت اوصول

نورو خلقو ته د لیډرانو په حیثیت ترقی ورکول مزیدار او د طلب کار دي. د مشهور خیالاتو برعکس ،لیډران جوړولي شی نه چه پیدا کولي شی. د نورو لیډرانو په ملاپ، د لیډرشپ ترقي په بین الاقوامی او د یو نظام دننه پکار ده. بعضي خلق په غلطۍ سره دا یقین ساتی چه لیډر د شخصیت په بنیاد جوړ یږی. په امریکا کښي د کامیاب غټو ګرجو د پادریانو د یوي ټندي جائزي مطابق،بیا هم دا ظاهریږی چه پادریان د ډیر مختلفو شخصیتونو مالکان دی. هر کله چه مونږ د یسوع پیروی کوؤ، نو مونږ د هر زماني د ټولو نه لوی لیډر پیروی کوؤ، او خپل ځان ته بحیثیت یو لیډر ترقی ورکوؤ.

د تیز تونډ لیډرانو ته د لیډرشپ د ترقۍ د پاره د یو برابر رسایٔ ضرورت دي. برابر یا متوازی رسای په علم کار،اخلاق،مهارت،او ترغیبات مشتمل ده. یو کس له د موثره لیډر جوړیدو دپاره د دِ څلورو اجزاء ضرورت دي. بغیر علمه،غلطي مفروضي او ناپوهی لیډر غلطي لاري ته سمه وی. د اخلاقو بغیر،یو لیډر اخلاقی او روحانی غلطیاني کوی،چه هغه مشن ته نقصان رسوی. د اهم مهارت نه بغیر، لیډر په تسلسل سره خپل زوړ ځاي ته واپس کیږی یا زړي طریقي استعمالوی. اخرکار، لیډر سره علم،اخلاق،او مهارت وی ،خو د ترغیباتو د کمی د سببه په ړومبی حالت پاتي کیږی او خپل حالت محفوظ ساتی.

لیډرانو ته پکار دی چه د یو کار کولو دپاره د ضرورت اهم سامان یاد ساتی. دخپل امتیازی وخت په دعا کښي د تیرولو نه پس، هر لیډر ته د یو اهم بصیرت حاجت وی. بصیرت د سوال جواب ورکوی،" مخکښي به څه کیږی؟،،راتلونکی وخت دپاره څه پکار دی؟ لیډرانو لازمی پکار دی چه د راتلونکی کار مقصد او پیژنی. مقصد د سوال جواب ورکوی،" چه ولي دا ضروری ده؟،، د دِ سوال د جواب نه د خبریدو سره ډیر لیډران د مشکلاتو په وخت رهنمایٔ اخلی. بل، لیډران خپل

مشن او پیژنی. الله پاک خلق په یو معاشره کښي ځکه راجمع کوی چه دوی د هغۀ په مرضئ لاړشی. مشن د سوال جواب ورکوی" چه څوک ورکښي شاملول پکار دی؟،،اخر کار،ښۀ لیډران واضحه او جامع مقاصد پسي ځی. مثالی توګه باندي،یو لیډرخپل بصیرت،مقاصد،او مشن د څلورو نه تر پینځۀ مقصدونو حاصلولو د پاره وړاندي کوی. مقصد د سوال جواب ورکوی،،مونږ به دا څنګه کوؤ.

مونږ دا معلومه کړي ده چه لیډران په ټولګو کښي ضم کول څومره ګران کار دي. الله پاک به همیشه تا په حیرانتیا کښي اچوی چه ته ي د چا سره خوښ کړي یي. د ټولو نه زیات فائده منده رسائ دا ده چه یو کس سره که هغه د وړاندي نه لیډر یا لیډره وی ښۀ سلوک اوکړي شی. یو کس یا کسه د خپل ځان ښۀ رهنمائ کولي شی،خو دا بیا هم رهنمائ ده. خلق براه راست زمونږ د توقع مطابق ډیر ښۀ لیډران جوړیدي شی. هر کله چه مونږ خلقو سره د پیروکارو په شان سلوک کوؤ، نو هغه پیروکار جوړیږی. هر کله چه مونږ خلقو سره د لیډرانو په شان سلوک کوؤ نو بیا هغه لیډران جوړیږی.یسوع مسیح د هر طبقي د سوسائټئ نه انتخاب کوی چه دا اوښائ چه د ښۀ لیډرشپ دارو مدار د هغۀ سره د تسلسل په وجه دي،نه چه اکثر خلق ظاهری علامات تلاش کوی. مونږ ته د لیډرانو کمي ولي دي؟ځکه چه موجود لیډران نوی خلقو ته د رهنمائ موقعي ورکولو نه انکار کوی.

څو عواملو د الله پاک تحریک د ښۀ لیډرشپ د کمی د وجي په قلار کړي دي. افسوس چه،مونږ په ډیرو داسي ځایونو کښي د لیډرشپ بیشمیره خلاء ده مونږ ډیرو خلقو ته تربیت ورکړو(چه پکښي امریکا هم شامله ده). خدائ لیډران په معاشره کښي د سلام،امن،بخشش،درستګی طرف ته یو لاره د ه. لاندي د البرټ ائن ستائن یو مشهور قول دي: مونږ خپلي موجوده مسلي د موجوده لیډرشپ په ذریعه نه حل کولي:. الله پاک د ډیرو نوؤ لیډرانو خپل ځان طرف ته مائل کولو دپاره د یسوع مسیح دتربیت طریقه استعمالوی. مونږ دا دعا کوو چه هغه شان ستاسو دپاره اوشی. الله د اوکړی چه د هري زماني عظیم لیډر ستاسو زړۀ او دماغ د روحانی بخشش نه ډک کړئ، تاسو مضبوط کړی،او ستاسو اثر خور کړئ -_ د لیډرشپ اصل ازمائش.

نوره مطالعه

وړاندي مطالعه کول،مونږ د لاندینی ورکړي شوی لیکوالو په مدد سره د ستي نه بدلون راوستو کښي اهم ګڼړو.ړومبي کتاب چه یو مشن دي ، د انجیل ترجمه ده، د هغي نه پس مونږ د دِ اووهٔ کتابونو د پاره اجازت ورکوؤ ځکه چه دا یو پوخ بنیاد دي، د ترقئ دپاره.

بلانچرډ،کن او هوجز،پل د یسوع په شان لیډران وو.دټولو نه غټ رول ماډل د هري زماني. تهامس نلسن ،2006

کلنتنړ.جي.رابرټ.د یو لیډر جوړول. این اي وي پریس پبلشنګ ګروپ 1988

کول مین،رابرټ اي.د ایونجلزم سر غنه. فلمنګ.ایچ.ریول 1970

هیټنګه.جان ډی. ما پسي شي.د بیسوع د میني ډک لیډرشپ نه تجربه اوچتونکي. این اي وی پریس 1996.

میکسول جان سی.په تاسو کښي کښي لیډر ته ترقی ورکول. تهامس نلسن پبلیشر1993 .

اوګن،سټیون ایل.او نوبل تهامس پی. د اصلاح په ذریعه مضبوطول. چرچ سمارټ وسائل.1995 .

سینډرزجي.اوسوالډ.روحان لیډرشپ:د هر عقیدتمند د پاره شانداره اصول. مووډی پبلیشر، 2007

www.ingramcontent.com/pod-product-compliance
Lightning Source LLC
Chambersburg PA
CBHW060702030426
42337CB00017B/2729